1ª edição
Copyright © 2023, Editorial Libsa

Publicado no Brasil por
Girassol Brasil Edições Ltda.
Av. Copacabana, 325 - 13º andar - Conj. 1301
Alphaville, Barueri - SP, 06472-001
leitor@girassolbrasil.com.br
www.girassolbrasil.com.br

Direção Editorial: Karine Gonçalves Pansa
Coordenadora Editorial: Carolina Cespedes
Assistentes Editoriais: Laura Camanho e Leticia Dallacqua
Edição: Ana Paula de Deus Uchôa · Tradução: Monica Fleischer Alves
Diagramação: Patricia Benigno Girotto · Ilustrações: Susana Hoslet Barrios
Fotografias: Shutterstock Images, Gettyimages

Dados Internacionais de Catalogação na Publicação (CIP)
Angélica Ilacqua CRB-8/7057

Martínez, Ana
  Práticas de laboratório : planeta Terra / Ana Martínez,
Fernando Martín ; tradução de Monica Fleischer Alves. -- Barueri,
SP : Girassol, 2023.
  60 p. : il., color.

ISBN 978-65-5530-564-7
Título original: La Tierra : 25 experimentos passo a passo

1. Literatura infantojuvenil 2. Planeta Terra I. Título II. Wakasugui,
Talita III. Martín, Fernando IV. Alves, Monica Fleischer

23-1399   CDD 028.5

Índices para catálogo sistemático:
1. Literatura infantojuvenil

SUMÁRIO

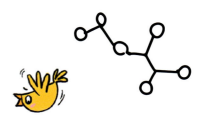

Introdução, 4

A formação das nuvens, 6
- Uma nuvem na garrafa, 7

Por que chove?, 8
- Chuva dentro de casa, 9

O leito dos rios, 10
- Crie o leito de um rio, 11

As correntes marítimas, 12
- Água que sobe e desce, 13

O que acontece quando as geleiras derretem?, 14
- O nível do mar, 15

Por que flutuamos no mar?, 16
- O ovo flutuante, 17

Na praia: água fria e areia quente, 18
- O balão que não estoura, 19

Afundando o submarino, 20
- O fantasma da garrafa, 21

Orientação com a bússola, 22
- Crie uma bússola caseira, 23

Na neve nos queimamos: o efeito albedo, 24
- Ceras que derretem, 25

O que é o efeito estufa?, 26
- Qual chocolate derrete mais depressa?, 27

Como se forma um arco-íris?, 28
- Um arco-íris dentro da sua casa, 29

Refração da luz, 30
- O lápis quebrado, 31

Tornados e redemoinhos, 32
- Um vórtice entre duas garrafas, 33

Como o som é transmitido?, 34
- Grãos que dançam, 35

Como é o som do ar?, 36
- Música com o vento, 37

Vulcões, 38
- Faça um vulcão caseiro, 39

Fluidos "muito especiais", 40
- Como sair da areia movediça, 41

As rochas das cavernas, 42
- Colar de estalactites, 43

Pegadas e fósseis, testemunhas da história, 44
- Deixe sua pegada!, 45

Por que as plantas são verdes?, 46
- Plantas tatuadas, 47

A respiração das plantas, 48
- Plantas que suam, 49

Os cogumelos e seus esporos, 50
- Impressão de cogumelos, 51

As plantas seguram o solo, 52
- Árvores, plantas e inundações, 53

Tropismos: como as plantas crescem?, 54
- Observe seu crescimento, 55

Você precisa saber..., 56

INTRODUÇÃO

Nosso planeta, a Terra, é cheio de maravilhas e curiosidades. Desde que a povoaram, os humanos devem ter se perguntado o que eram aquelas formas de algodão branco no céu, as nuvens, e por que às vezes elas deixavam cair água, a chuva. Certamente eles observaram rios, mares, geleiras, praias e vulcões com admiração e até medo. Sem dúvida, começaram a se mover por ela, orientando-se talvez intuitivamente até descobrir a bússola.

E então, você sabe dizer como funciona exatamente uma bússola? Sabe dizer por que chove; para onde vai a água da geleira quando ela derrete; por que você flutua no mar ou como um vulcão entra em erupção?

Todas essas perguntas e muitas outras e, claro, todas as respostas, estão neste livro para os leitores apaixonados por este planeta: passeie pela neve, observe um arco-íris de perto; entenda a estrutura de um tornado; aprenda a sair da areia movediça; entre em cavernas cheias de estalactites; chegue mais perto e observe as plantas de um jeito que você nunca viu...

Além disso, conhecer o funcionamento da vida na Terra é o primeiro passo para respeitá-la, amá-la e cuidar dela. Nossa casa merece!

O que você vai encontrar neste livro?

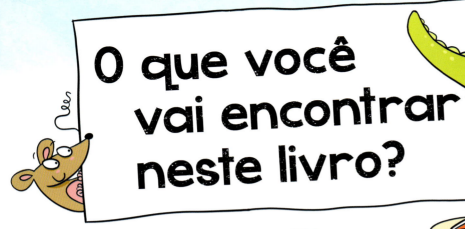

Você vai encontrar um total de **25** fenômenos que acontecem no nosso planeta, cada um deles acompanhado de um experimento que ajudará você a entendê-lo melhor.

Em cada experimento você vai ver:

O **tempo que você levará** para fazê-lo, da preparação aos resultados, para que possa se organizar melhor.

Você precisa de:

Uma **lista com os materiais** necessários. A maioria deles você deve ter em casa e, por isso, poderá ter seu próprio laboratório.

Alguns **sinais de alerta**, porque é necessário pedir a ajuda de um adulto para realizar os experimentos. Embora nenhum dos experimentos que você vai encontrar neste livro seja perigoso, em alguns momentos será preciso pedir ajuda ou supervisão.

Algumas **recomendações** para melhorar seu experimento.

Uma **lista com o passo a passo de como realizar o experimento**. A ordem dos passos é importante. Por isso, procure segui-la.

Uma **explicação do experimento** e como isso ajuda a entender este fenômeno da natureza.

Lembre-se sempre do mais importante!

O principal objetivo deste livro é fazer você se **divertir** enquanto aprende. A ciência é e pode ser ainda mais divertida se você usar sua imaginação, curtir os experimentos e sempre tiver **curiosidade para saber mais**.

A formação das nuvens

Quantas vezes você já olhou para o céu e ficou admirando as nuvens? Além de ter muitas formas e cores diferentes, como as fofinhas nuvens brancas ou as nuvens cinzentas de tempestades, elas são uma das etapas fundamentais de um processo que permite a vida na Terra: o ciclo da água.

Como funciona o ciclo da água? Sobre a superfície da Terra podemos encontrar água líquida sob a forma de rios, mares, oceanos, lagos etc.

Por causa do calor do sol, a água evapora e passa do estado líquido para o gasoso. Quando essa água em estado gasoso se acumula na atmosfera, formam-se as nuvens, mediante um fenômeno que se chama **condensação** e que se deve ao frio da atmosfera e a uma troca de pressão.

Uma nuvem na garrafa

Você precisa de:
- Uma garrafa de plástico transparente com tampa
- Água morna
- Fósforos
- Uma lanterna

 5 minutos de preparação

Dica
Apague a luz, ponha a lanterna acesa na parte inferior da garrafa. Em seguida, aperte e solte a garrafa.

Atenção
Cuidado com os fósforos! Não faça este experimento sem a supervisão de um adulto.

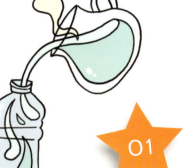

01 Coloque um pouco de água morna no fundo da garrafa vazia.

02 Ponha a tampa na garrafa, mas não rosqueie.

03 Peça que um adulto acenda um fósforo e deixe-o queimar por alguns segundos.

04 Tire a tampa da garrafa, sopre o fósforo para apagá-lo e coloque a parte queimada na garrafa para que forme fumaça dentro dela. Ponha a tampa e feche bem.

05 Aperte e solte a garrafa. Dá para fazer isso umas cinco ou seis vezes.

O que está acontecendo?

Quando você aperta a garrafa, aumenta a pressão e a temperatura do interior. Por isso, ao soltá-la, forma-se uma pequena nuvem dentro. A fumaça do fósforo ajuda a condensação do vapor da água que surge da água morna.

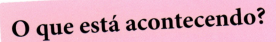

Por que chove?

A formação das nuvens é o caminho da subida da água até a atmosfera. Mas, para que o ciclo se encerre e volte para nós, é necessário haver precipitações em forma de chuva, neve (em alguns continentes mais frios) e granizo.

Como se formam as precipitações? Nas nuvens, a água se acumula em estado gasoso. Quando há uma grande quantidade de água e a temperatura é mais fria, ela começa a voltar ao seu estado líquido e cai em forma de **precipitações**.

Dependendo da temperatura na superfície, as precipitações serão em forma de chuva, de neve ou de granizo.

Mesmo a fase da precipitação ser a forma mais comum de ser vista, não significa que seja a mais importante. Todas essas fases são necessárias e o processo é longo e complexo, por isso é fundamental cuidar dos nossos rios e mares e economizar água em casa.

Chuva dentro de casa

5 minutos de preparação

15 minutos de observação

Você precisa de:
- Um copo de vidro transparente
- Um prato de sobremesa
- Água quente
- Gelo

Atenção
Cuidado para não se queimar com a água quente.

01
Aqueça a água sem deixar que ela ferva.

02
Encha 3/4 do copo com a água quente.

03
Em seguida, tampe o copo com o pratinho.

04
Com cuidado, ponha vários cubos de gelo sobre o pratinho.

05
Observe como se condensa e a água cai em forma de chuva.

O que está acontecendo?

A água quente começa a evaporar e se condensa na parte de baixo do prato. Os cubos de gelo sobre o prato fazem com que o vapor da água se esfrie rapidamente. Esse choque de temperatura faz com que a água se condense e comece a gotejar como se fosse chuva.

O leito dos rios

Os rios são importantes não só por transportar a água até os mares e oceanos, mas também por abrigar muitas espécies de animais e plantas, que se multiplicam graças à riqueza de seus leitos e de suas ribanceiras.

Os leitos dos rios costumam ser zonas férteis, onde crescem as mais distintas espécies de plantas e árvores e, além disso, são um elemento a mais da paisagem.
O leito é o transcurso que a água do rio segue e vai deixando uma zona do solo marcada pela **erosão**.
Quando vamos para o campo, podemos distinguir os leitos dos rios pelo curso d'água, mas muitas vezes sabemos reconhecê-los apesar do rio estar seco. A água e as pedras que eles arrastam vão erodindo, desgastando, o solo. É como se os rios deixassem sua pegada marcada por onde passam.

10

30 minutos de preparação

Crie o leito de um rio

Dica
Uma garrafinha pode ajudar você a despejar a água.

Você precisa de:
- Uma tábua ou um papelão duro
- Uma cartolina
- Areia
- Água
- Pedras pequenas
- Cola

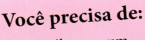

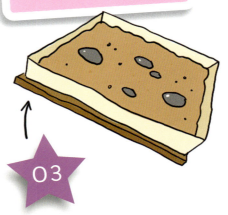

01 Cole a cartolina no papelão duro ou na madeira e dobre as bordas formando uma caixa.

02 Encha a caixa de cartolina com a areia e distribua as pedras à vontade. As bordas vão ajudar a não deixar a areia cair.

03 Incline um pouco a base de papelão ou madeira como se fosse uma pequena encosta.

05 Observe como o leito do rio vai sendo formado na areia. O que acontece com as pedras?

04 Deixe a água cair aos poucos sobre a areia, da parte mais elevada da superfície.

O que está acontecendo?

A água, ao cair, arrasta pouco a pouco os grãos de areia, aumentando sua capacidade de erosão. À medida que desliza pela encosta, vai formando um leito, cujos canais mudam se você colocar obstáculos ou se puser mais água.

11

As correntes marítimas

Embora possa parecer, a água dos mares e oceanos não está parada. Na realidade, ela se move quase como se fosse uma estrada, seguindo viagem ao redor do mundo através das correntes.

As correntes marítimas se formam porque nem toda a água está na mesma temperatura. Se a água se aquece, ela tende a subir e, quando esfria, a descer. Isso faz com que as correntes sigam movimentos de subida e descida à medida que vão esfriando ou aquecendo, como se fossem as subidas e as descidas de uma montanha-russa.

As correntes marítimas são muito importantes porque ajudam a manter a temperatura da Terra, graças a esse movimento de água fria e quente, que permite conectar diferentes zonas climáticas e que geram um clima mais ou menos fixo em determinadas regiões.

Correntes marítimas

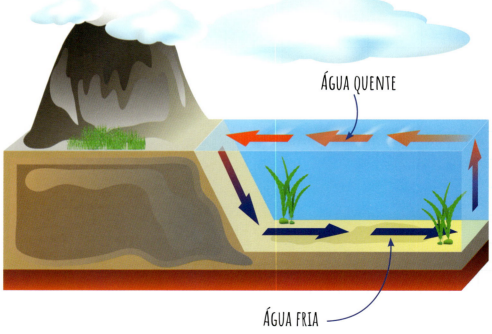

ÁGUA QUENTE

ÁGUA FRIA

12

Água que sobe e desce

Você precisa de:
- Uma forma de gelo
- Dois copos
- Uma colher
- Água
- Um recipiente transparente fundo e amplo
- Corante alimentício azul e vermelho
- Uma seringa sem agulha

1 dia de preparação

10 minutos de realização

Atenção
Cuidado para não se queimar com a água quente.

01 Coloque água no copo e adicione o corante azul. Misture com a colher e encha a forma de gelo. Deixe congelar de um dia para o outro.

02 Aqueça a água até que ela quase ferva. Coloque no outro copo e misture cuidadosamente com o corante vermelho.

03 Encha o recipiente fundo até a metade com água da torneira.

04 Coloque vários cubos de gelo azul flutuando em um dos lados do recipiente.

05 Encha a seringa com a água quente vermelha e despeje o líquido no recipiente, no lado oposto de onde está o gelo.

06 Observe como as águas coloridas se movem.

O que está acontecendo?
À medida que o gelo derrete, é possível ver como água azul vai descendo, pois está mais fria que a água do recipiente. Com a água vermelha acontece o contrário: ela fica na superfície porque está mais quente.

O que acontece quando as geleiras derretem?

As mudanças climáticas fazem com que a temperatura da Terra suba cada vez mais, derretendo o gelo marinho, como o dos icebergs, e o das geleiras ou glaciares, que é o gelo que fica de maneira permanente sobre o solo. O fato de se derreterem é um problema, por exemplo, porque mudam as correntes oceânicas.

O iceberg é uma massa de gelo que flutua no oceano. Se ele derrete, o nível do mar não muda, pois a água na forma sólida de gelo e a água líquida derretida ocupam o mesmo espaço, segundo o Princípio de Arquimedes. Provavelmente, você já pôde comprovar isso vendo uma pedra de gelo derreter em um copo de água. Por que ela não transborda?

No entanto, o problema é quando as geleiras derretem. A água passa da forma de gelo na superfície da Terra (no esquema abaixo, é possível observar as partes da Terra onde a água se encontra em estado sólido) para derretida no oceano e, por isso, eleva o nível do mar.

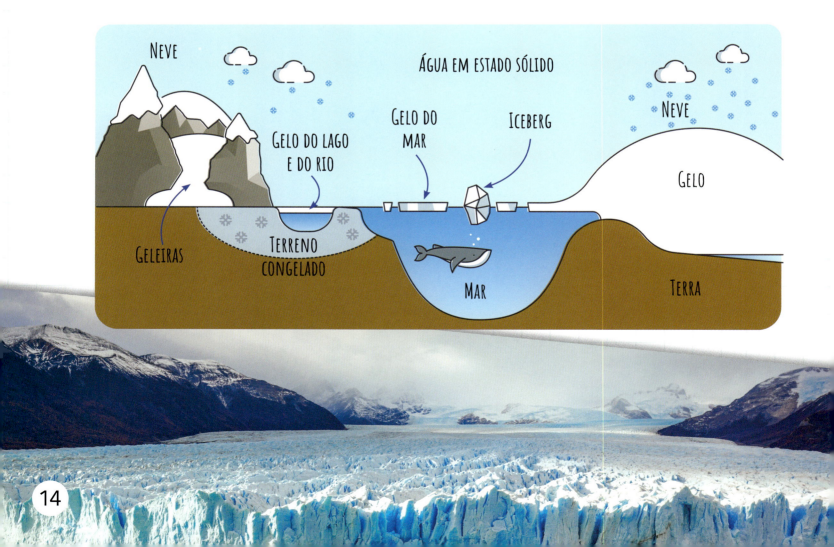

O nível do mar

Você precisa de:
- Dois recipientes fundos
- Palitos de dentes
- Argila
- Quatro cubos de gelo
- Plástico filme
- Água

 30 minutos de observação

 15 minutos de preparação

01
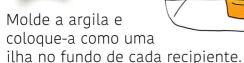

Molde a argila e coloque-a como uma ilha no fundo de cada recipiente.

02
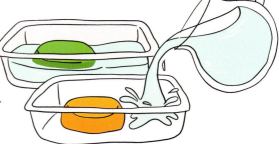

Encha os recipientes com água sem deixar cobrir toda a argila.

03
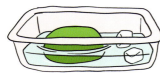

Em um dos recipientes, coloque dois cubos de gelo na água e marque a argila com os palitos, no ponto onde a água chega.

04
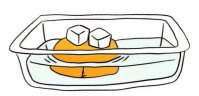

No outro, coloque os cubos de gelo sobre a argila, sem que eles toquem a água, e marque a argila com os palitos, no ponto onde a água chega.

05
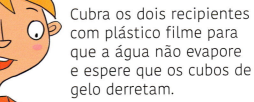

Cubra os dois recipientes com plástico filme para que a água não evapore e espere que os cubos de gelo derretam.

O que está acontecendo?

No primeiro recipiente, o gelo derreteu e o nível da água não mudou, enquanto no outro, sim. Isso também acontece com o nosso planeta: no Polo Norte, o gelo está sobre o oceano e, se ele derrete, o nível da água do mar não varia, mas no Polo Sul o gelo está sobre a Antártida na superfície. Por isso, se ele derrete, a quantidade de água no oceano aumenta.

15

Por que flutuamos no mar?

Certamente, na praia, você já brincou de flutuar na água do mar. Mas você sabe se é mais fácil flutuar em água salgada ou em água doce? No mar é bem mais fácil, devido à densidade.

A densidade é uma propriedade física que todas as substâncias têm, inclusive a água, e que está relacionada com a massa e o volume.

Por exemplo, um quilo de ferro ocupa menos espaço ou volume que um quilo de palha, porque o ferro é muito mais denso. A densidade é a propriedade que permite medir o peso de uma substância.

Uma das coisas que afeta a densidade da água é a quantidade de sal que ela tem, ou seja, quanto mais sal, maior é sua densidade. Isso faz com que os objetos flutuem mais no mar do que em um lago ou piscina.

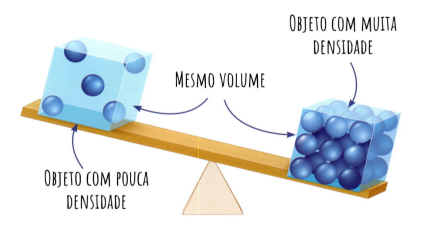

Dois objetos com o mesmo volume podem ter pesos diferentes devido à sua densidade

Objeto com muita densidade
Mesmo volume
Objeto com pouca densidade

O OVO flutuante

Você precisa de:
- Uma colher pequena
- Três copos
- Água
- Três ovos
- Sal

10 minutos de preparação

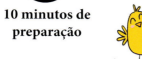

01

Encha com água das torneiras dois dos três copos que você vai usar neste experimento.

02

Em um deles, acrescente cinco colheres de sal e misture até que esteja totalmente diluído.

03

Mergulhe um ovo em cada copo e observe. Qual deles está flutuando?

04
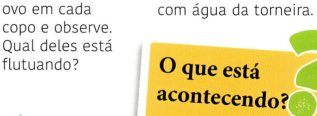

Com cuidado para que não se quebre, coloque o terceiro ovo em um copo vazio e cubra-o com água da torneira.

05

Com cuidado, vá acrescentando água com sal no terceiro copo e observe o que acontece com o ovo. Surpresa! Ele chega rapidamente à superfície.

O que está acontecendo?

Ao colocar sal na água, modificamos sua densidade, o que faz com que o ovo flutue mais que o da água doce. No caso do terceiro copo, o que observamos é como o ovo vai subindo à medida que vamos colocando a água salgada no copo.

17

Na praia: água fria e areia quente

Alguma vez você já queimou os pés andando na areia e, ao colocá-los no mar, a água estava fria e fresca? Apesar de estarem expostas aos mesmos raios solares, a areia e a água do mar não têm a mesma temperatura.

Os elementos absorvem e passam energia e calor de forma diferente, e cada um é capaz de regular sua temperatura de modo diferente. A água absorve muito calor sem que sua temperatura suba, mas a areia não.

Às vezes, você precisa andar na ponta dos pés na areia para não se queimar. É uma sensação parecida com a que você sente em um tobogã que ficou exposto ao sol: os metais, como a areia, absorvem o calor muito depressa.

Por isso, se estamos com muito calor na areia e entramos na água, o calor do nosso corpo é absorvido pela água e nos sentimos melhor. Mas, na praia, nosso corpo tem dificuldade de passar o calor para o ar e nós nos queimamos. O ar fica muito quente em pouco tempo.

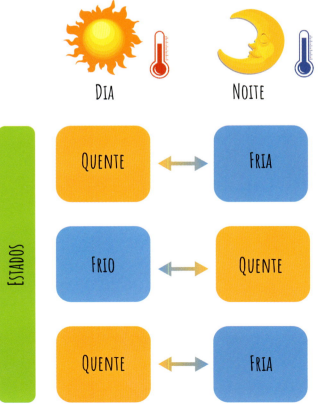

18

O balão que não estoura

Você precisa de:
- Três balões
- Água fria
- Isqueiro
- Uma vela

15 minutos de preparação

Dica
Faça o experimento sobre uma superfície que possa ser molhada e longe de objetos inflamáveis.

Atenção
Não use o isqueiro e a vela sem a supervisão de um adulto.

01 Encha os balões: um com ar, outro com água fria e o terceiro, meio a meio. Encha os pulmões de ar e sopre, sopre e sopre. Força!

02 Peça a um adulto para acender a vela.

03 Aproxime da vela o balão cheio de ar. Ele vai explodir rapidamente!

04 Aproxime da vela o balão cheio de água e espere alguns segundos!

05 Experimente aproximar o terceiro balão, primeiro a parte com água e depois a parte com ar. Você verá como a reação é diferente de cada lado.

O que está acontecendo?

O balão cheio de ar leva pouco tempo para estourar porque acumula calor rapidamente. Já o cheio de água resiste mais porque a água em seu interior precisa absorver muito mais calor e impede o fogo de queimar o balão.

19

Afundando o submarino

Os submarinos são navios que navegam embaixo d'água. Para submergir e mudar a altura em que navegam, eles têm que mudar seu peso e sua capacidade de flutuar, graças a alguns tanques de acordo com dois princípios físicos: os princípios de Arquimedes e Pascal.

Quando os submarinos estão na superfície, seus tanques estão cheios de ar, fazendo com que o peso do submarino e o empuxo para cima sejam iguais. É por isso que ele flutua. Para submergir, eles precisam aumentar o peso enchendo seus tanques com água, para que seu peso seja maior que o empuxo. Se quiserem voltar a subir, injetam ar pressurizado em seus tanques e reduzem o peso outra vez. É um jogo de comportas e pressão!

O princípio de Arquimedes

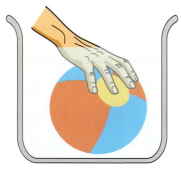

Quando algo submerge em um fluido, é empurrado para cima, como se estivesse sendo puxado.

O princípio de Pascal

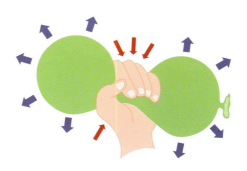

Se aplicarmos pressão em um fluido fechado, todos os pontos receberão essa pressão, não só o ponto onde ele é pressionado.

Comprove... O que vai acontecer?

Ao apertar a garrafa, o fantasma começa a descer e, se soltarmos, ele volta rapidamente para cima. O fantasma flutua porque seu peso e a força do empuxo da água estão em equilíbrio. Ao apertar, fazemos pressão e a água entra no interior do dedo, aumentando seu peso e fazendo com que afunde. Ao parar de apertar, a água de seu interior sai, perde peso e sobe, equilibrando as forças.

O fantasma da garrafa

Você precisa de:
- Água
- Uma luva de látex
- Tesoura
- Uma arruela de metal pequena
- Caneta preta permanente
- Uma garrafa de plástico com tampa

10 minutos de preparação

Atenção
Cuidado ao usar a tesoura!

Dica
Desenhe um alvo em um pedaço de papel e coloque-o em volta de metade da garrafa para brincar de acertar o fantasma.

01 Crie seu fantasma: corte a ponta de um dedo da luva e desenhe olhos e boca com a caneta permanente.

02 Introduza a arruela dentro do fantasma na parte inferior. Você também pode encaixar na borda e colar.

03 Com uma jarra, e muito cuidado, encha a garrafa de água.

04 Coloque o fantasma dentro da garrafa. Deve haver só um pouquinho de ar nele para que ele flutue. Por isso, aperte-o para tirar o ar.

05 Em seguida, com o fantasma submerso, feche a garrafa com a tampa.

06 Observe o que acontece ao apertar e soltar a garrafa. É muito divertido!

Orientação com a bússola

Há milhares de anos o ser humano tem usado o magnetismo da Terra na navegação. A Terra é como um ímã gigante, que tem polo norte e polo sul e gera um campo magnético à sua volta, mesmo que um pouco fraco. Assim, qualquer um que navegar pode usar uma ferramenta para se orientar: a bússola.

A bússola é um instrumento prático que ajuda na orientação espacial graças à sua agulha imantada que está sempre apontando para o norte magnético terrestre. Além disso, ela nos indica os pontos cardeais: norte, sul, leste e oeste; e nos ajuda a saber onde estamos ou onde devemos ir.

Embora possa parecer que a bússola esteja sendo substituída por sistemas de navegação mais precisos, como o GPS, ainda é muito comum em atividades de montanha, passeios de barco, ou quando não há acesso a dispositivos e aparelhos eletrônicos.

Crie uma bússola caseira

Atenção
Peça ajuda de um adulto para não se furar com a agulha e não se cortar com o estilete.

Você precisa de:
- Uma agulha grande
- Um ímã
- Uma rolha
- Um estilete
- Um recipiente redondo
- Água

15 minutos de preparação

01
Peça para um adulto cortar a rolha, fazendo um disco de 1 ou 2 centímetros.

02
Esfregue a agulha no ímã pelo menos 50 vezes e na mesma direção. Com isso, a agulha será transformada em um ímã temporário que, depois de algum tempo, para de funcionar.

03 Com cuidado, atravesse a agulha na rolha, de lado a lado.

04 Com a ajuda da jarra, encha o recipiente com água até a metade.

05 Procure não inclinar o recipiente e coloque a rolha com a agulha na água, bem no centro.
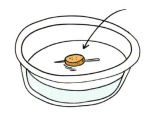

06 Deixe-a flutuar e observe o resultado. Para onde a agulha está apontando? O que acontece se a tocamos com o dedo ou se aproximamos o ímã?

O que está acontecendo?

A agulha marca a linha Norte-Sul. A rolha nos ajuda a fazer a agulha flutuar e se movimentar livremente pela água. Se aproximarmos o ímã, girará porque a agulha se sente atraída por ele e seu campo magnético é mais forte que o da Terra.

23

Na neve nos queimamos: o efeito albedo

Quando falamos em ter cuidado com as queimaduras da pele, costumamos pensar no verão, em praia ou em piscina, mas nós não nos queimamos apenas nessas situações.

A luz do sol ou a radiação solar pode nos queimar em qualquer lugar e época do ano. Por isso é importante proteger sempre a nossa pele. Mas há um lugar onde corremos um risco especial: na neve.

Quando estamos na neve, no inverno, a temperatura é muito baixa e, por isso, a neve não derrete, mas corremos o risco de queimar a pele, além da própria radiação, devido ao efeito albedo.

O efeito albedo é produzido quando os raios de sol refletem na neve. Sendo branca, a neve tem a capacidade de refletir a maior parte da radiação solar, o que faz com que ela funcione como uma espécie de espelho. Por isso é importante usar óculos escuros e protetor solar para evitar que os raios refletidos provoquem queimaduras. Superfícies claras, como a neve, têm valores de albedo mais alto do que as escuras.

Efeito albedo

Ceras que derretem

Você precisa de:
- Uma cartolina branca
- Giz de cera de várias cores: claras e escuras
- Fita adesiva

15 minutos de preparação

3 horas de observação

01 Coloque a cartolina branca sobre uma superfície firme e, no centro, cole os gizes de cera com a fita adesiva de forma ordenada, das cores mais escuras às mais claras.

02 Ponha a cartolina com os gizes em um lugar em que haja luz solar direta durante várias horas.

03 Para ter certeza e não perder nada, observe a cada 15 minutos o que acontece com seus gizes.

O que está acontecendo?

Como acontece com a neve, a cartolina branca reflete a luz do sol e a mesma coisa que acontece com o restante das cores: quanto mais claras forem, mais refletirão a luz solar e quanto mais escuras, mais quantidade de luz absorvem. É por isso que os gizes escuros derretem mais depressa que os mais claros. Estar sobre uma superfície branca acelera o processo.

25

O que é o efeito estufa?

A Terra é cercada por uma capa protetora: a atmosfera. Graças a ela, os raios solares entram e saem de forma suave e natural, permitindo que a temperatura da Terra se regule.

No entanto, existem gases de efeito estufa, como o dióxido de carbono ou o metano, que atuam como um espelho, refletindo e retendo os raios do sol. Esses raios seguem aquecendo e elevando a temperatura, causando o efeito estufa.

Por que ele tem esse nome? Estufa é um lugar fechado, com um telhado plástico ou de vidro, onde se cultivam plantas. Esse telhado permite a entrada dos raios solares, mas o calor fica retido em seu interior, elevando a temperatura, para que as plantas cresçam à vontade, porque as condições de estabilidade térmica favorecem seu desenvolvimento.

Embora seja um processo natural, as atividades do homem expelem muitos outros gases desse tipo, agravando o efeito e fazendo com que a temperatura suba ainda mais.

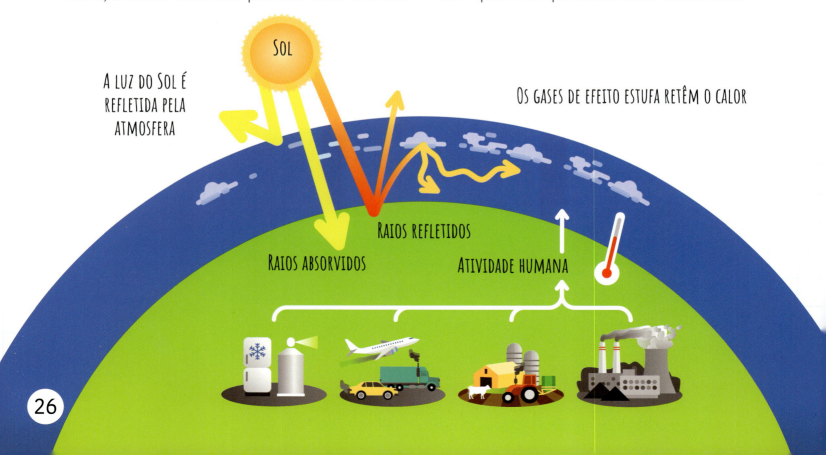

Qual chocolate derrete mais depressa?

Você precisa de:
- Três copos pequenos de vidro
- Dois copos grandes de vidro
- Três pratos
- Três quadradinhos de chocolate
- Água da torneira
- Água com gás ou com bicarbonato de sódio

Dica
Se não tiver água com gás, dissolva um pouco de bicarbonato no copo d'água.

5 minutos de preparação

20 minutos de observação

01 Coloque os três pratos em um local ensolarado. Em um deles, despeje um pouco de água da torneira e, em outro, água com gás.

02 Em cada prato, ponha um copo pequeno de boca para baixo com um quadradinho de chocolate em cima.

03 Com os copos grandes, cubra os copos pequenos dos pratos com água.

04 Espere 20 minutos. Qual dos chocolates derreteu mais depressa?

O que está acontecendo?

O chocolate que derreteu primeiro foi o da água com gás (ou com bicarbonato), depois o da água de torneira e, por último, o que não estava coberto. Ao cobrir com um vidro, a temperatura sobe devido ao efeito estufa.

27

Como se forma um arco-íris?

Às vezes, nos dias de chuva, vemos também fenômenos muito bonitos. Quando as nuvens se acalmam, podemos ver um belo e colorido fenômeno chamado arco-íris. É um fenômeno óptico e meteorológico através do qual aparece no céu um arco de luz com muitas cores.

O ser humano não vê os raios de luz, mas nossos olhos são capazes de perceber seu espectro visível: as cores. A luz branca ou a luz do sol é formada por diferentes cores: vermelho, laranja, amarelo, verde, azul, anil e violeta. Quando os raios atravessam um prisma, ocorre um fenômeno chamado **refração**, que faz com que eles se decomponham, permitindo que vejamos essas cores.

Luz branca — **Refração da luz** — **Espectro da luz (as cores)** — **Prisma**

No caso do **arco-íris**, cada pequena gota de chuva funciona como um prisma que refrata a luz e se reflete em nossos olhos. Assim, nos dias de chuva e sol, vemos os arco-íris com maior frequência e eles podem chegar, em algumas ocasiões, a ser duplos.

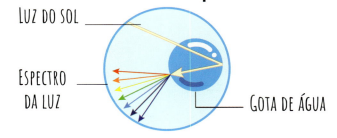

Gotinhas de água — **Luz do sol** — **Espectro da luz** — **Gota de água**

Um arco-íris dentro da sua casa

Você precisa de:
- Água
- Uma folha de papel branco ou uma parede branca
- Um recipiente
- Um espelho menor que a bacia
- Uma lanterna

5 minutos de preparação

Dica
Faça o experimento em um quarto escuro para ver melhor o resultado.

01 Com a ajuda de uma jarra, encha o recipiente de água.

02 Mergulhe metade do espelho num dos lados do recipiente.

03 Coloque a folha branca na outra extremidade ou vire o recipiente na direção da parede branca.

04 Acenda a lanterna de frente para o espelho.

05 Observe o reflexo projetado e movimente o espelho até que o arco-íris apareça.

O que está acontecendo?

Quando incide sobre a água, a luz se decompõe. O espelho serve para refletir o arco-íris na folha de papel ou na parede.

Refração da luz

Seguramente você já deve ter ouvido falar da velocidade da luz, ou pelo menos sabe que ela viaja muito rápido. Concretamente, a luz viaja em média a cerca de 300 mil quilômetros por segundo. Mas esse é um valor médio porque, na realidade, a luz não viaja na mesma velocidade em todos os meios.

Você já tentou correr dentro da água? É mais difícil e sempre nos movemos mais devagar do que quando estamos fora dela, ou seja, no ar. Bem, a mesma coisa acontece com a luz: ela viaja mais rápido no ar do que na água. Essa brusca mudança de velocidade que a luz sofre ao passar do ar para a água faz com que ela provoque uma espécie de "desaceleração" e, consequentemente, faz com que a trajetória dos raios de luz se desvie. Esse é o fenômeno que conhecemos como **refração**, que também acontece quando a luz atravessa camadas de ar em diferentes temperaturas.

A LUZ SE PROPAGA DE DIFERENTES FORMAS, DEPENDENDO DO MEIO

O lápis quebrado

5 minutos de preparação

Você precisa de:
- Dois copos transparentes de plástico ou de vidro
- Dois lápis
- Água

01 Escolha dois dos seus lápis de cores diferentes e coloque cada um em um copo.

02 Ponha água em um dos copos até a metade do lápis que está dentro dele.

03 Observe o que acontece quando você olha para o copo. O que se passa com o lápis?

04 Agora, vamos comprovar outro efeito: encha pouco a pouco o copo vazio até a boca e compare os resultados.

O que está acontecendo?

A luz muda sua velocidade ao passar do ar para a água. Isso provoca um desvio nos raios de luz que deformam e deslocam um pouco a imagem: o lápis parece quebrado. À medida que enchemos o copo, vemos que esse efeito vai subindo e que o lápis parece se quebrar sempre no ponto em que o ar e a água se unem. Se mergulhamos totalmente o lápis na água, o efeito desaparece.

Tornados e redemoinhos

Se as condições atmosféricas forem adequadas, podemos ver vórtices na natureza: tornados, furacões e redemoinhos. Os vórtices são rotações em espiral das correntes de ar ou água, que podem ser muito perigosos na natureza, mas também são muito bonitos.

O tornado é uma coluna de ar que gira muito rápido e é muito destrutiva, engolindo tudo o que encontra em seu caminho. Ele é produzido quando o ar frio em grandes altitudes se choca com o ar quente da superfície. Esse choque faz com que o ar comece a girar em grande intensidade.

A base do tornado é um funil que começa perto do chão e vai crescendo para cima. Seu tamanho depende da velocidade do vento, da temperatura e da umidade.
Isso também pode acontecer na água, onde os redemoinhos marinhos giram rapidamente sobre si mesmos, como quando você tira a tampa de uma banheira cheia de água.

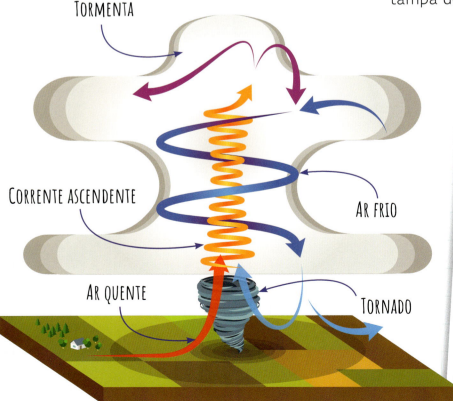

Tormenta · Corrente ascendente · Ar frio · Ar quente · Tornado

Comprove... O que vai acontecer?

No princípio, ao girar as garrafas, a água quase cai porque o ar faz pressão, como uma tampa. Quando você começa a girá-las, forma-se um vórtice, fazendo com que o de cima se esvazie e o de baixo se encha lentamente. Esse vórtice tem um orifício por onde passa o ar, equilibrando a pressão entre as duas garrafas e fazendo com que a água caia mais rápido.

Um vórtice entre duas garrafas

15 minutos de preparação

Você precisa de:
- Duas garrafas de plástico do mesmo tamanho
- Pedacinhos de papel colorido
- Fita isolante
- Água

01

Encha uma das garrafas com água até três quartos da sua capacidade e coloque os pedacinhos de papel coloridos.

02
Una as duas garrafas pela boca e cole uma na outra com a fita isolante. Certifique-se de que estão bem unidas e que não escape água na junção.

03
Coloque as garrafas sobre uma superfície plana, mantendo na base a que está com água.

04
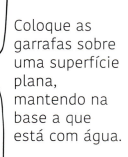

Segure as garrafas com firmeza e movimente-as rapidamente em pequenos círculos dez vezes.

05
Gire as garrafas repentinamente deixando a que está com água em cima.

06
Coloque-as na superfície plana e observe como a água cai. Um redemoinho foi produzido na água.

33

Como o som é transmitido?

O som é uma vibração que viaja em ondas. Quando falamos, por exemplo, as ondas do som da nossa voz são transmitidas pelo ar por vibrações que nossa orelha recebe e nosso cérebro interpreta.

O ar é composto por milhões de pequenas partículas que vibram quando uma onda, como o som, colide com elas. Isso é passado de umas para as outras, que se chocam entre si em efeito dominó, até chegar a algum receptor, como nossa orelha.

O ser humano pode ouvir apenas uma categoria de sons, mas existem animais, como os cães ou os gatos, que ouvem sons muito mais agudos, ou as baleias, que ouvem os muito mais graves. O som viaja bem pelo ar, mas melhor ainda pela água; atravessa também o vidro, mas nunca se propaga no vácuo. Baleias e golfinhos são conhecidos por se comunicarem muito bem debaixo d'água. Seus chamados podem ser ouvidos a quilômetros de distância.

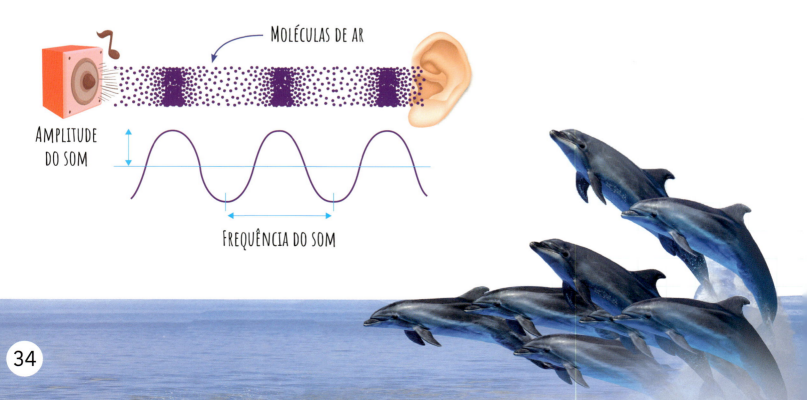

Grãos que dançam

Você precisa de:
- Um recipiente grande
- Plástico filme transparente
- Uma colher
- Açúcar

5 minutos de preparação

01 Cubra o recipiente com o plástico filme, deixando-o bem esticado, como um tambor.

02 Coloque uma colherada de açúcar sobre o filme. O baile está garantido!

03 Cubra sua boca com as mãos, aproxime-se do recipiente e faça um som grave.

04 Procure repetir o experimento fazendo sons com coisas diferentes ou introduzindo uma caixinha de som com música dentro do recipiente.

O que está acontecendo?

Os grãos se movem sozinhos! As ondas sonoras da nossa voz se chocam com o plástico, fazendo-o vibrar. Como os grãos de açúcar são muito leves, vemos como o filme os movimenta para cima e para baixo. Cobrimos a boca para que o ar dos nossos pulmões não movimente os grãos.

35

Como é o som do ar?

Como imitar o som do vento? Algum dia você já se perguntou por que ele faz esse barulho?

O som, de qualquer tipo, é produzido quando um objeto provoca uma vibração. Essa vibração viaja pelas partículas do ar e chega aos nossos ouvidos, fazendo com que sejamos capazes de ouvi-la. O efeito é similar ao de quando jogamos uma pedra na água e vemos as ondas que são geradas.

Com o vento ocorre algo parecido: as correntes de ar fazem vibrar os objetos com os quais se choca, inclusive as partículas de poeira que carrega. Isso quer dizer que, se o vento passar por uma área estreita ou colidir com um objeto, seu som será produzido. De fato, o vento soa diferente dependendo do local por onde passa: na praia, ele não será o mesmo que na montanha, num penhasco ou entre dois paredões rochosos.

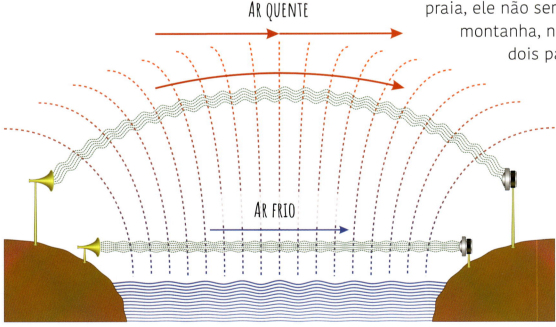

AR QUENTE

AR FRIO

O SOM VIAJA MAIS RÁPIDO NO AR QUENTE QUE NO FRIO

Comprove... O que vai acontecer? Ao soprar, estamos gerando uma corrente de ar que faz vibrar tanto a superfície da água quanto o ar contido na garrafa. Por isso, dependendo da quantidade de ar, água, do formato da garrafa e do material (plástico, vidro etc.), o som produzido será diferente, dando-nos, em cada caso, uma nota diferente.

Música com o vento

15 minutos de preparação

Dica
Você pode pôr corante alimentício na água para distinguir as garrafas de acordo com os sons mais agudos ou mais graves que elas emitem.

Você precisa de:
- Várias garrafas de água com tamanho e forma diferentes
- Água

01 Despeje quantidades diferentes de água em cada uma das garrafas. Sua orquestra será um grande show.

02 Aproxime a boca da garrafa dos lábios e sopre suavemente até conseguir emitir um som.

03 Faça a mesma coisa com as outras garrafas observando o tipo de som que sai de cada uma.

04 Como bom maestro, ponha as garrafas em ordem de acordo com o som que fazem e você terá sua própria gaita de garrafas.

37

Vulcões

Os vulcões são um dos fenômenos naturais mais espetaculares que existem. Uma erupção vulcânica é um evento que pode ser perigoso para as pessoas, animais e plantas que estão ao redor, mas também é uma parte fundamental do ciclo do nosso planeta.

Muitas das ilhas que conhecemos hoje em dia foram formadas graças a essas erupções, como o Havaí (Estados Unidos), as Ilhas Canárias (Espanha) ou Bali (Indonésia). A origem dessas erupções se encontra no interior da Terra. O planeta é formado por várias camadas, desde o núcleo até a crosta, onde nós vivemos, e entre elas encontra-se o manto.

No manto, sob a crosta, fica o magma, que são rochas fundidas pelo efeito do calor. Quando o magma fica quente demais, ele tem que sair para a crosta e faz isso através dos vulcões, causando as erupções violentas.
Uma erupção vulcânica é a expulsão do magma sob a forma de lava e costuma ser acompanhada de gases e fragmentos de rocha de tamanhos diferentes.

Faça um vulcão caseiro

Você precisa de:
- Massa de modelar
- Um copo de plástico
- Tintas coloridas
- Pincéis
- Corante vermelho
- Bicarbonato de sódio
- Detergente
- Vinagre
- Jornal
- Papelão

Dica
Certifique-se de que o vulcão tenha uma boa base que o mantenha estável e não caia.

 10 minutos de realização

 1 dia de preparação

 01 Coloque o copo de plástico sobre o papelão, que será a base do vulcão.

 02 Modele a argila em forma de vulcão em volta do copo sem tampá-lo ou pintá-lo.

 03 Quando estiver seco, coloque-o sobre o jornal, evitando que manche.

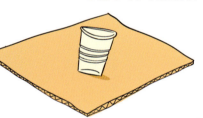

04 Encha um quarto do copo com bicarbonato e outro quarto com detergente.

Incorpore o corante. Quanto mais adições, mais vermelha ficará a mistura.

05

06 Misture tudo com a ajuda da colher. Se o bicarbonato não se dissolver bem, adicione um pouco de água. Acrescente um jato de vinagre à mistura para provocar a erupção.

O que está acontecendo?
O vinagre é um ácido que reage com o bicarbonato, provocando a formação de bolhas de maneira muito rápida. O detergente ajuda a espumar ainda mais, deixando a erupção mais espetacular.

39

Fluidos "muito especiais"

Os líquidos, como a água, e os gases, como o oxigênio que respiramos, são fluidos que se adaptam tanto à forma do recipiente onde os colocamos quanto à força que aplicamos. Essa resistência à deformação é chamada de viscosidade. Contudo, existem fluidos que alteram sua viscosidade (consistência) de acordo com as condições. A isso damos o nome de "fluidos não newtonianos".

A viscosidade desses fluidos varia segundo a força e a temperatura que aplicamos. Assim, se colocamos pressão, sua viscosidade aumenta e se torna dura porque suas partículas se juntam para se tornarem mais resistentes. Mas, se os tocarmos sem colocar pressão, eles se comportam como um líquido. Isso acontece, por exemplo, com as areias movediças. Com certeza você já viu em filmes pessoas totalmente presas nelas, apesar disso ser pura ficção. A realidade é que as areias movediças são compostas de areia e água e são fluidos não newtonianos: se fizermos movimentos bruscos, eles ficarão rígidos e não nos prenderão mais. Se tentarmos sair aos poucos, conseguiremos escapar.

A MISTURA SE ESTRATIFICA EM DIVERSAS CAMADAS DEPENDENDO DOS MATERIAIS DISSOLVIDOS

Sólido Líquido Dissolução

40

Como sair da areia movediça

15 minutos de preparação

Você precisa de:
- Meio copo de água
- Um copo de farinha de trigo
- Um recipiente grande
- Um batedor de clara
- Um objeto pesado e pequeno

Atenção

Quando terminar de brincar, não jogue a mistura na pia, pois você pode entupir o encanamento. Coloque-a em um saco e jogue no lixo.

01 Despeje toda a farinha no recipiente onde vamos fazer a mistura.

02 Despeje um pouco d'água sobre a farinha enquanto mistura lentamente com o batedor. Quando conseguir uma massa viscosa, pode começar a observar e brincar.

03 Ponha a mão no recipiente lentamente e, em seguida, tente tirá-la de uma vez.

04 Tente fazer uma bola com a mistura e deixe-a na sua mão.

O que está acontecendo?

Se você pressiona a mistura, ela se torna rígida. Mas, se você a tocar suavemente, ela se comporta como um líquido. Se você quiser sair da areia movediça, faça-o lentamente!

05 Jogue a bola com bastante força e depois com pouca força para perceber a diferença.

06 Atire alguma coisa pequena e pesada sobre a mistura.

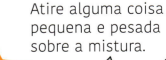

41

As rochas das cavernas

Você já viu em filmes ou entrou em uma caverna e se impressionou com as rochas enormes que cobrem seus tetos e seus solos?

Essas rochas em forma de cones se formam pela queda de água, gota a gota, que, ao evaporar, vão depositando seus minerais pouco a pouco.

Assim, as **estalactites** no teto e as **estalagmites** no solo "crescem" com a adição de camadas à sua volta. Isso pode nos ajudar a investigar a idade e as características das cavernas: se choveu mais ou menos, se foi inundada, se houve seca... Como nos anéis de uma árvore!

Aqui, há vários processos envolvidos:
Precipitação: cada gota de água arrasta minerais que se depositam ou precipitam quando a gota cai.
Evaporação: a água de cada gota se evapora, quer dizer, passa do estado líquido ao gasoso, restando apenas os restos minerais.
Cristalização: por fim, os minerais se transformam em sólidos, formando cristais.

PRECIPITAÇÃO

EVAPORAÇÃO

CRISTALIZAÇÃO

ESTALACTITE

ESTALAGMITE

Comprove... O que vai acontecer?

O fio absorve a água com bicarbonato, que vai subindo por ele. Quando evapora devido ao calor, a água desaparece, o bicarbonato se cristaliza formando essas colunas curiosas, exatamente como acontece em uma caverna.

Colar de estalactites

Você precisa de:
- Água quente
- Dois recipientes de vidro transparente
- Uma colher pequena
- Bicarbonato de sódio
- Um prato pequeno
- Fio de lã
- Dois clipes
- Tesoura

10 minutos de preparação

5 dias de observação

Atenção
Cuidado com a água quente.

Dica
Coloque o experimento em um lugar quente.

01 Encha os dois recipientes com água quente.

02 Coloque bicarbonato e misture bem com a colher até que ele se acumule no fundo do recipiente e não possa mais se dissolver.

03 Ponha o prato pequeno entre os dois recipientes.

04 Corte um pedaço de lã com o comprimento do seu antebraço. Prenda clipes nas pontas e mergulhe cada ponta em um dos recipientes. O fio deve ficar quase pendurado, quase tocando o prato.

05 Observe o que acontece durante cinco dias e como os cristais crescem no fio de lã.

43

Pegadas e fósseis, testemunhas da história

Quando um ser vivo deixa sua pegada ou morre no solo, diferentes camadas de rochas e areias o cobrem durantes milhões de anos. Com o passar do tempo, as partículas que o cobriram o mineralizam, transformando-o em um fóssil.

Os fósseis nos ajudam a conhecer os animais e as plantas que viviam na Terra há milhões de anos e seu estudo nos permite conhecer como era o mundo no passado e como evoluímos.
A paleontologia é o ramo da ciência que estuda a vida na Terra graças a esses restos fósseis, que fornecem muita informação sobre suas características e atividades. Por exemplo, podemos encontrar pegadas de animais fossilizadas, como as dos dinossauros, ou o molde de uma concha.
Se não fossem os fósseis, demoraríamos milhares de anos para saber sobre o nosso passado e datar com precisão as camadas do terreno.

Comprove... O que vai acontecer?

Você criou diferentes fósseis. A natureza necessita de condições especiais e milhares de anos para formar fósseis, mas você acelerou o processo com o gesso. Divirta-se decorando seus fósseis!

Por que as plantas são verdes?

As plantas fazem a fotossíntese para crescer e se desenvolver através da luz do sol. E fazem isso graças à clorofila existente em suas folhas.

A clorofila é uma substância de cor verde, que retém a luz do sol e o dióxido de carbono do ar e o transforma no alimento da planta.
Além disso, nesse processo de fotossíntese, a planta expulsa o oxigênio do ar. Por isso, as plantas são tão importantes para um ar limpo: porque retiram o dióxido de carbono, que é um gás do efeito estufa, e liberam o oxigênio que respiramos. Sem as plantas, não poderíamos viver.

As plantas produzem a clorofila quando a temperatura é quente e há luz solar. É por isso que na primavera e no verão as plantas ficam mais verdes.
Nas estações em que os dias ficam mais curtos e as noites, mais longas, a produção de clorofila vai diminuindo por falta de luz. Isso faz com que, pouco a pouco, essa cor verde desapareça e que as folhas ganhem um tom mais amarelo ou marrom, tão característico do outono.

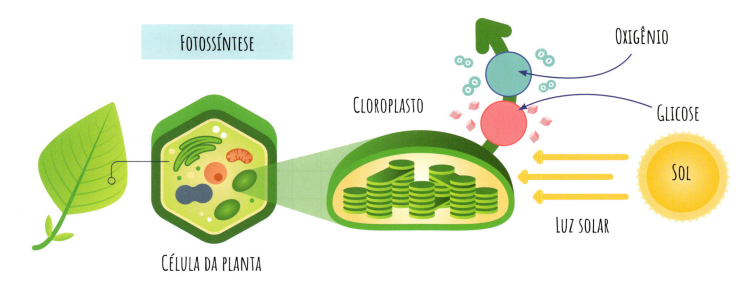

46

Plantas tatuadas

Você precisa de:
- Uma planta com folhas grandes
- Cartolina preta
- Tesoura
- Três alfinetes
- Água

Atenção
Conte com a ajuda de um adulto para não se espetar com os alfinetes.

5 minutos de preparação

1 semana de observação

01 Na cartolina, recorte três estrelas que caibam nas folhas. Se quiser, você pode fazer outras formas.

02 Com os alfinetes, fixe as estrelas ou as formas que você desenhou em três diferentes folhas da planta.

03 Coloque a planta no sol durante uma semana. Lembre-se de regá-la a cada três dias.

04 Depois de uma semana, retire seus desenhos (estrelas, corações etc.) das folhas e observe a cor da folha.

O que está acontecendo?

A região das folhas onde seus desenhos foram colocados perdeu a cor verde e se tornou amarela porque não estava em contato com a luz do sol e, por isso, não produziu a clorofila que a deixa verde.

A respiração das plantas

As plantas precisam de água para se alimentar e sobreviver, mas o que acontece se as molharmos demais? Uma vez que filtram e absorvem a quantidade de água de que necessitam, as plantas expulsam o excesso através de suas folhas, em pequenas gotas que se evaporam rapidamente. Esse fenômeno é conhecido como evapotranspiração.

As plantas, como qualquer outro ser vivo, respiram e se alimentam. Porém, quando respiram, elas o fazem ao contrário dos seres humanos: elas retiram o dióxido de carbono do ar e expulsam oxigênio.
As plantas são capazes de respirar tanto durante o dia quanto à noite.

Isso faz com que as plantas sejam uma das principais fontes de oxigênio para que possamos respirar e limpar o dióxido de carbono do ambiente. É por isso que as plantas são essenciais para a vida e temos que proteger nossas florestas, que são os pulmões do planeta.

48

Plantas que suam

5 minutos de preparação

3 dias de observação

Você precisa de:
- Uma planta pequena com muitas folhas
- Uma sacola de plástico transparente
- Um elástico

01
Com cuidado, coloque a planta dentro da sacola. Feche a sacola sem amassar as folhas e use o elástico para deixá-la bem apertada.

02
Ponha a planta do lado de fora da sua casa e observe por alguns dias o que acontece. Pequenas gotas d'água vão aparecer.

03
No terceiro dia, tire a sacola e toque no interior dela. Como ela está?

O que está acontecendo?

A planta libera constantemente o excesso de água através de suas folhas em pequenas gotas. Fechadas na sacola, as gotas não evaporam e se acumulam na superfície das folhas e na sacola de plástico, aumentando sua umidade.

Os cogumelos e seus esporos

Todos os seres vivos se reproduzem. Mas você sabe como os cogumelos fazem isso? É através de seus esporos.

Os esporos são células microscópicas, ou seja, tão pequenas que só podem ser vistas com um microscópio, que cumprem diferentes funções. Por exemplo, algumas bactérias emitem esporos que servem como mecanismos de defesa.
No caso de fungos ou cogumelos, a função que eles cumprem é a da reprodução. Os cogumelos emitem grande quantidade de esporos que, graças ao vento, se dispersam e se movem para lugares diferentes.

Quando chegam a uma região com as condições adequadas de luz, umidade e temperatura, os esporos começam a se desenvolver e vão crescendo para formar um novo cogumelo ou fungo. Essa forma com que esses tipos de organismos se reproduzem é chamada de reprodução assexuada, porque não é necessário que exista um organismo macho e outro fêmea para que se reproduzam.

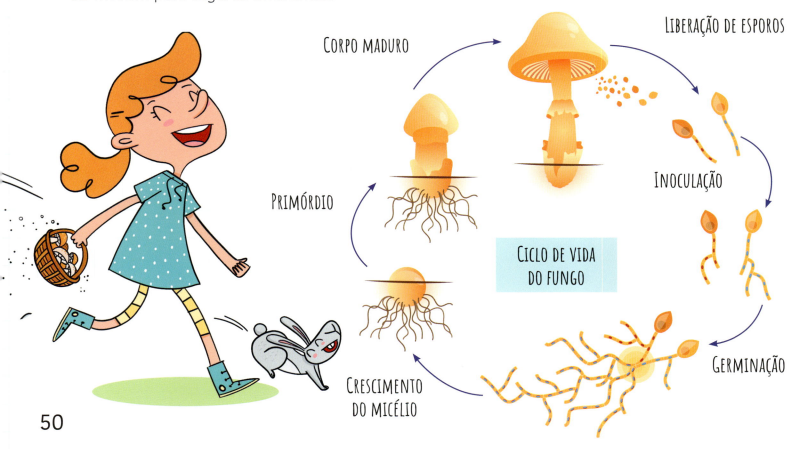

Ciclo de vida do fungo: Corpo maduro, Liberação de esporos, Inoculação, Germinação, Crescimento do micélio, Primórdio.

50

Impressão de cogumelos

10 minutos de preparação

1 dia de observação

Você precisa de:

- Vários cogumelos: os comestíveis são os mais fáceis de encontrar e os mais seguros de usar
- Um copo para cada cogumelo
- Uma cartolina branca
- Tesoura
- Água

Atenção
Se fizer este experimento no campo, você precisa estar ao lado de um adulto para ajudá-lo a colher os cogumelos e ter certeza de que não são venenosos. Cuidado com a tesoura!

Dica
Se o fungo ou o cogumelo quebrar, não se preocupe. Você pode colocar o chapéu diretamente na cartolina, embora o resultado fique menos chamativo.

01 Recorte um quadrado de cartolina um pouco maior que o copo e, no centro, faça um pequeno círculo.

02 Passe o pé do cogumelo pelo círculo, de forma que o chapéu fique completamente apoiado na cartolina.

03 Encha o copo de água e coloque sobre ele o cogumelo atravessado na cartolina. Certifique-se de que a água esteja apenas tocando o pé do cogumelo, sem mergulhá-lo totalmente.

04 Repita o processo com todos os cogumelos e deixe-os descansar por 24 horas.

05 Retire cuidadosamente o cogumelo da cartolina e veja os resultados.

O que está acontecendo?

A parte inferior do chapéu do cogumelo é totalmente coberta de esporos. Ao deixá-la em contato com a cartolina durante 24 horas, esses esporos caem e se depositam na superfície da cartolina, de forma que se pareça com uma cópia exata das dobras e do formato do cogumelo por baixo.

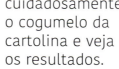

51

As plantas seguram o solo

As plantas são uma das principais fontes de oxigênio do planeta e são essenciais para a vida, mas o que talvez você não saiba é que elas têm uma outra função que nos afeta diretamente: servem de fixação e sustentação do solo.

As plantas e árvores fixam as camadas superiores do solo graças a suas raízes, que o agarram e o compactam. Isso faz com que, se acontecerem chuvas torrenciais, será muito mais seguro morar perto de zonas com vegetação do que em lugares sem plantas ou árvores.

Quando chove bastante em pouco tempo, a chuva é muito intensa e arrasta toda a areia e o solo, formando grandes quantidades de lama que a água carrega, como acontece quando um rio transborda.

Isso é um risco para as populações e para as cidades que se encontram

As raízes das plantas e das árvores ajudam a reter a terra e a evitar a erosão.

nas proximidades, que se alagam com mais facilidade, além de interromper estradas, linhas de trem etc. No entanto, se o solo estiver mais agarrado às raízes, a formação dessa lama é mais difícil.

52

Árvores, plantas e inundações

Atenção — Cuidado com a tesoura.

10 minutos de preparação

Você precisa de:
- Um vaso com uma planta crescida e com as raízes desenvolvidas
- Um vaso cheio de terra sem planta
- Um regador
- Uma superfície inclinada
- Dois tubos de borracha
- Tesoura
- Dois baldes
- Água

01 Faça um furo perto da base de cada um dos vasos.

02 Por esse furo, passe o tubo de borracha, para que ele sirva como um canal de drenagem em cada um dos vasos.

03 Coloque os dois vasos sobre a superfície inclinada, cuidando para que os tubos estejam na mesma direção que a parte mais baixa da inclinação.

04 Coloque um balde vazio sob cada tubo para recolher o excesso de água.

05 Despeje um regador cheio de água em cada vaso.

06 Observe como a água sai pelos tubos de cada um dos vasos. O que contém? De que cor é? Que diferenças você vê?

O que está acontecendo?

O vaso expele o excesso de água através dos tubos. Mas a água não sai nem da mesma cor nem na mesma velocidade nos dois vasos. No que tem a planta, a água sai mais devagar e mais limpa porque as raízes e a vegetação ajudam a fixar a terra.

53

Tropismos: como as plantas crescem?

Os animais respondem a estímulos, como quando nos picamos com algo e tiramos a mão, e as plantas também são capazes de fazê-lo, embora mais lentamente.

Diante de diferentes estímulos, como a luz e a gravidade, as plantas têm um mecanismo de resposta com movimentos pequenos e contínuos: são os chamados **tropismos**. Assim, as plantas mudam sua direção de crescimento, dependendo se querem se aproximar ou se distanciar de alguma coisa. Se as plantas se movem por um estímulo luminoso, isto é, pela luz, é chamado de **fototropismo**. Por exemplo, quando os girassóis estão crescendo, vemos como sua flor vai girando e se voltando diretamente para o sol. Quando as plantas modificam sua direção pela gravidade, o movimento é chamado de **geotropismo**.

As raízes tendem a crescer a favor da gravidade (para baixo) e o caule, ao contrário, para cima. Você já reparou nas árvores caídas em uma encosta? Os troncos costumam sempre cair para cima, apesar de a gravidade os obrigar a ir para baixo, dando origem a essas formas engraçadas.

Também podemos encontrar tropismo na água: o **hidrotropismo**, quando as raízes crescem procurando água.

Observe seu crescimento

Observe seu crescimento

Você precisa de:
- Três ou mais sementes de leguminosas: feijão, lentilhas ou grão de bico
- Três recipientes de vidro: copos ou frascos
- Uma caixa de sapatos
- Papel filtro
- Algodão
- Tesoura
- Água

30 minutos de preparação

1 semana de observação

Atenção
Cuidado com a tesoura.

Dica
Na noite anterior, deixe as sementes de molho. Se quiser, você pode colocar mais sementes em cada recipiente.

01 Introduza um pedaço de algodão úmido no fundo de cada um dos três recipientes.

02 Num dos recipientes, coloque um cilindro de papel filtro que fique grudado na parede de vidro.

03 Ponha as sementes sobre o algodão, exceto no recipiente com o filtro. Nesse recipiente, coloque a semente entre o vidro e o papel.

04 Faça um furo de 2-3 cm na lateral da caixa, a meia altura, e coloque um dos recipientes.

05 Coloque cada coisa em seu lugar: a caixa em um lugar em que entre luz pelo orifício; o recipiente com o filtro deitado em um lugar iluminado; e o outro recipiente na posição vertical em um lugar iluminado.

06 Observe-os durante uma semana ou mais e molhe um pouco o algodão se você perceber que ele está seco.

O que está acontecendo?

As hastes no recipiente da caixa de sapato cresceram na direção da luz por fototropismo. No recipiente deitado, elas cresceram seguindo a gravidade, devido ao geotropismo. Em todos eles, você pode ver que as raízes sempre buscaram a água por meio do hidrotropismo.

55

VOCÊ PRECISA SABER...

Arquimedes Filósofo e cientista grego que nasceu no ano 280 a.C. Entre outras coisas, ele pesquisou como se comportam os objetos submersos em seu famoso princípio de Arquimedes.

Blaise Pascal Filósofo e cientista francês do século XVII, que desenvolveu experimentos sobre a pressão e o vácuo, entre outras coisas.

Mudança climática Processo pelo qual, por diferentes fatores, o clima do planeta está mudando, tornando-se mais quente ou mais frio. Também afeta a outros fenômenos como chuva, tempestades, secas etc.

Célula A menor unidade viva que se pode encontrar. Funciona de forma autônoma, embora possa se associar a outras células, dando origem aos organismos pluricelulares.

Densidade É a relação entre peso ou massa e o volume ou espaço que um objeto ocupa.

Dióxido de carbono (CO_2) Gás produzido sempre que algo é queimado, seja um objeto, madeira, combustível etc., e também quando os animais e as plantas respiram. É também o principal gás do Efeito Estufa.

Dissolução Mistura de uma substância sólida com um líquido até se incorporarem completamente. Por exemplo, um copo de leite com chocolate é uma dissolução de chocolate no leite.

Erosão Desgaste causado na superfície dos objetos pelo efeito do vento, da chuva ou do atrito constante.

Esporos Corpos microscópicos liberados por algumas plantas, fungos e algas e que servem para se dispersar e chegar a novos lugares ou para se reproduzir.

Fósseis Restos ou sinais (como pegadas) da presença de organismos que viveram há centenas de milhões de anos e que foram preservados em diferentes meios, como pedras ou âmbar.

Fotossíntese Processo pelo qual as plantas retiram dióxido de carbono (CO_2) da atmosfera e o transformam no oxigênio (O_2), que soltam na atmosfera. Para conseguir, elas necessitam da energia que obtêm da luz solar.

Frequência É o número de vezes que uma onda se repete em uma determinada unidade de tempo, seja por segundo, por hora etc.

Gases do Efeito Estufa São os gases que formam uma tela ao redor da superfície da Terra que serve de filtro para os raios solares, deixando a radiação presa perto da superfície e fazendo com que a temperatura suba.

Geleira São grandes massas de neve que se transformaram em gelo devido à pressão à medida que a neve se acumulou durante centenas de milhões de anos.

Fungo Organismo pertencente ao reino Fungi. São os decompositores da natureza, pois se alimentam de restos de matéria vegetal ou animal.

Magma É uma combinação de rocha e minerais fundidos juntamente com uma mistura de gases que se encontra sob a superfície da Terra. Ela vem para o exterior em forma de lava, graças aos vulcões.

Mar Massas de água salgada menores que os oceanos e que geralmente são limitadas ou delimitadas, como o Mar Mediterrâneo ou o Mar Vermelho, por exemplo.

Norte Magnético da Terra É o ponto onde se encontram as linhas do campo magnético da Terra. É para onde apontam as bússolas.

Oceano Massa contínua de grande tamanho e volume de água salgada que cobre a superfície terrestre. Na Terra existem cinco oceanos.

Ondas É a maneira pela qual uma perturbação se propaga através de diferentes meios. Por exemplo, luz ou som são ondas transmitidas pelo ar, pela água etc.

Pressão É a força exercida perpendicularmente sobre um determinado ponto.

Pontos cardeais Sistema de referências que se usa nos mapas onde, uma vez identificado o Norte, no extremo oposto está o Sul, à esquerda o Oeste e à direita o Leste.

Cogumelo É um tipo de fungo que se caracteriza por ter uma forma específica, com um tronco ou corpo que termina em guarda-chuva. Eles podem ser comestíveis ou venenosos.

Oxigênio (O$_2$) É um dos gases mais abundantes do planeta Terra e essencial à vida. É ele que permite que os seres humanos, os animais e as plantas respirem.

Tempestade Fenômeno atmosférico que se caracteriza por precipitações ou chuvas abundantes e pode ser acompanhado de ventos fortes, assim como de raios e trovões.

57